JN290272

くらべてわかる食品図鑑 &!

家庭科教育研究者連盟 編著
田村 孝 絵

1 お菓子と飲み物

もくじ

- 2 ゼリーとところてん
- 3 ナタデココとタピオカ
- 4 白あんと黒あん
- 5 チョコレートとココア
- 6 はちみつとメイプルシロップ
- 7 生クリームとコーヒークリーム
- 8 バターとマーガリン
- 9 ベーキングパウダーと重そう
- 10 バニラビーンズとバニラエッセンス
- 11 なるほどコラム・・・[ドライフルーツは薬？]
- 12 黒い砂糖と白い砂糖
- 13 ジャムとマーマレード
- 14 プリンと焼きプリン
- 15 クッキーとビスケット
- 16 チーズケーキとレアチーズケーキ
- 17 パイとタルト
- 18 ケーキとカステラ
- 19 カップケーキとマドレーヌ
- 20 パンと蒸しパン
- 21 アイスクリームとソフトクリーム
- 22 コーンフレークとポテトチップス
- 23 ういろとゆべし
- 24 わらびもちとくずもち
- 25 まんじゅうと大福
- 26 お好み焼きとチヂミ
- 27 あめとキャンディー
- 28 カフェラテとカフェオレ
- 29 天然果汁と濃縮還元果汁
- 30 紅茶とウーロン茶
- 31 なるほどコラム・・・[世界のお茶]
- 32 お茶と麦茶
- 33 ミネラルウオーターと天然水
- 34 浄水とアルカリイオン水
- 35 「カルピス」と「ヤクルト」
- 36 スポーツ飲料とアミノ酸飲料
- 37 日本酒と焼酎
- 38 ワインとシャンパン
- 39 ビールと発泡酒

ぼく、アンドくん、よろしくね。これからみんなをたべものの世界に案内するよ！

大月書店

ゼリー & ところてん

ゼリーはゼラチンから、
ところてんは寒天（かんてん）から。

　ゼリーとところてんは、見た目はよく似（に）ていますが、ゼリーの原料はゼラチン、ところてんの原料は寒天（かんてん）です。寒天を原料にゼリーをつくることもあります。

　ゼリーの原料であるゼラチンは牛や豚の骨や皮に含（ふく）まれているタンパク質が主な成分です。ゼラチンは冷蔵庫で冷やすと固まり、口の中ではとけます。ですから、口の中のとけ具合を大事にしたい時はゼラチンを使います。キャンデーのグミの歯ざわりはゼラチンです。

　冷めた煮魚は煮汁（にじる）がぷりぷりしたゼリー状（「にこごり」と言います）になっていて、あたためるとまた液体にもどります。これは、魚の煮汁からとけだしたタンパク質がゼラチンと同じはたらきをするからです。

　寒天は江戸時代から食べられていますが、原料は、テングサやオゴノリなどの海そうです。寒天は冷蔵庫に入れなくても固まるし、口の中に入れてもとけません。ですから、ゼリーを早くつくりたいときは、寒天を使うとゼラチンより早く固まります。また、生のくだものを入れてつくるときは、ゼラチンのタンパク質が変化して固まらないことがあるので寒天を使います。

ナタデココ と タピオカ

丸と四角の形だけでなく、原料がまったくちがう。

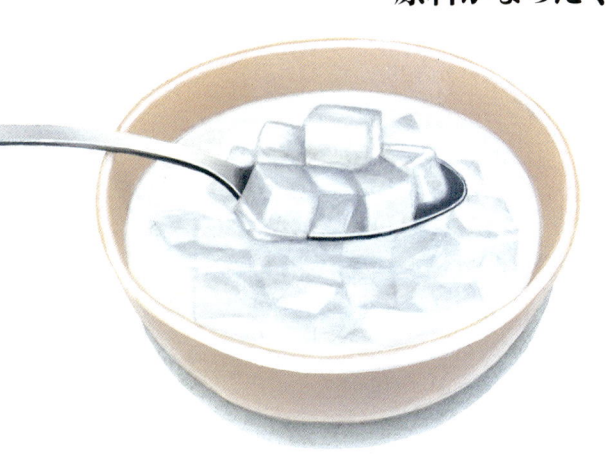

　ナタデココは、四角い形をしていて、歯ごたえがあり、市販のヨーグルトなどに入っています。原料は、ココナツミルクです。これにナタ菌を植え付けてつくることから、ナタデココの名がつきました。ナタデココのしこしこした食感は、ナタ菌がつくるとても細い網状の繊維によるものです。カロリーはほとんどなく、便秘を防ぎ、腸の掃除役をしてくれる食物繊維と同じはたらきをします。

　タピオカは、丸くてぷちぷちした歯ざわりがあり、ミルクティーなどによく入っています。原料はブラジルやタイに自生しているキャッサバというイモのでんぷんです。それをコロコロころがしてつくるために丸い形になります。もともとは白いでんぷんですが、これに花の色素やカラメル色素を混ぜて色をつける場合もあります。タピオカのカロリーは日本のイモ類と同じくらいあります。イモのでんぷんを利用した食品は、ほかにも、じゃがいもでんぷん（商品名・片栗粉）、トウモロコシでんぷん（コーンスターチ）などがあり、固める菓子やくだものなどのソース、中国料理や日本料理のあんかけなどのとろみとして使われています。

白あん と 黒あん

色のちがいは豆のちがい。

　草もちやおまんじゅう、おはぎなどの和菓子に使われている甘いあんこ。そのあんこには、白いあんこと黒いあんこがあります。これは、原料の豆の種類のちがいによります。

　あんをつくるためには、でんぷんをたくさん含んだ豆が使われますが、白あんの原料は白いんげんで、黒あんの原料は小豆（あずき）です。また、大豆になる前の枝豆をすりつぶすと緑色の「ずんだ」というあんができます。

　あんには、粒あんとこしあんの2種類があります。粒あんは、やわらかく煮た小豆に砂糖を加えて煮つめたものです。こしあんは、やわらかく煮た小豆を裏ごしして皮をとりのぞき、ふきんで水分をしぼりだして（これを生あんと言います）、それに砂糖を加えて煮つめたものです。

　お彼岸のお供えにしたりするおはぎは、もち米を炊いて、すりつぶしてまるめ、それを粒あんやこしあんでつつんだものです。おはぎは、季節の花にちなんで、春は牡丹餅（ぼたもち）、秋はお萩（おはぎ）などと呼び名が変わることもあります。

チョコレート と ココア

同じ原料のきょうだい分。

　チョコレートはカカオ豆を加工してすりつぶしたカカオマスを原料に、ココアバターなどをねりまぜてつくります。ホワイトチョコレートはカカオマスからしぼりとったココアバターでつくり、カカオマスを入れないために、白い状態でできあがります。

　日本では、明治時代にアメリカで技術を得た人が初めて板チョコをつくり、広めました。板チョコレートなどは、原料の三分の一が油脂なので、カロリーはとても高くなります。

　チョコレートがとける温度は体温より少し低いために、口に入れるととけますが、生チョコレートは原料に生クリームを入れるため、さらにとけ具合が早くなり、その感触が好まれています。ただし、生チョコレートは賞味期間がチョコレートより短めになります。

　カカオマスからココアバターを分離し（ココアバターはチョコレートに使う）、粉にしたのがココアです。

　カカオ豆には興奮作用をもたらすカフェインも含まれますが、疲労回復作用のあるテオブロミンが多いことで知られています。ですから、疲れたときに、チョコレートを食べたり、ココアを飲むと効果的です。

はちみつ と メイプルシロップ

色は似ているけど、原料は昆虫と樹木から。

　はちみつは、ミツバチが花の蜜（みつ）を巣のなかに蓄えたものを人間が利用している食品です。その歴史は古く、世界では紀元前のエジプト時代から、日本では7世紀の書物（日本書記）に登場します。明治にはミツバチがヨーロッパから輸入され、本格的なはちみつづくり（養蜂）が始まります。安い外国製品に押され、現在売られているはちみつの多くは中国産です。
　はちみつはレンゲ・アカシア・ソバ・クローバなど花の種類や産地により色や香り・甘みがちがいます。甘み成分はブドウ糖・果糖のほかに、整腸作用があるオリゴ糖も含み、消化・吸収がよいのが特徴です。このほかの栄養分は、鉄やタンパク質、疲れを取るという乳酸・リンゴ酸・ビタミンB類が含まれています。最近では病原菌に対する殺菌力も注目されています。
　メイプルシロップはカナダや北米が産地のサトウカエデという木の樹液を煮詰めたものです。樹液を取る時期が遅くなると濃い色をした樹液独特のにおいが出ます。栄養成分としては、カルシウムやカリウムが含まれ、はちみつほどは甘くないです。はちみつもメイプルシロップも菓子づくりには欠かせない食材です。

生クリーム & と コーヒークリーム

本来は乳脂肪分の差だが、現在は植物性油脂であることが多い。

　牛乳は私たちの健康に欠くことのできないものと考えられていますが、この牛乳を遠心分離法で分離すると、乳脂肪の多い高脂肪乳（クリーム）と乳脂肪のない脱脂乳とに分かれます。「生クリーム」として市販されているものは、このクリームのことで乳脂肪分が18パーセント以上あり、何も添加物を加えていない乳製品のことをさします。加熱殺菌されているので、厳密には「生」とは言えません。

　乳脂肪分が30パーセント以下のクリームは、コーヒーなどにつかわれています。また、ケーキなどに使われる「生クリーム」は、乳脂肪分が多く、40パーセント〜50パーセントもあります。

　しかし、現在私たちがふだんつかっている、小さい容器に入った液状のコーヒークリームや、ケーキづくりにつかうホイップクリームの多くは、乳製品ではありません。

　乳脂肪分の一部あるいは全部を、ヤシ・パーム・大豆・トウモロコシなどの植物性油脂に置きかえて、安定剤や乳化剤などの添加物を加えたもので、イミテーションクリームと呼ばれています。

バター と マーガリン

マーガリンはバターの代用品としてつくられた。

　牛乳の乳脂肪は軽いため、牛乳を静かに置いておくと、表面に脂肪の層ができます。これがクリームで、これを分け取り、強くかきまぜて乳脂肪をかたまり状にし、練りあげるとバターになります。バターは、約4000年前にインドや西欧で製造されていたといわれています。そのつくり方は、今も昔も変わりません。規則では、バターは乳脂肪分80％以上、水分17％以下のものとなっています。

　一方、マーガリンは、約120年前にバターの代用品としてフランスで考え出されました。バター不足から皇帝ナポレオン三世が代用品を懸賞募集し、これに応じた化学者メージュ・ムーリエがマーガリンをつくりだしました。これは、牛乳に牛の脂肪分をまぜたもので、名前は真珠（マーガライト）のような輝きがあるということからきているといわれています。

　現在のマーガリンは、植物性油脂など各種の油脂に水・乳化剤・副原料を加えて乳化して製造されています。マーガリンと表示できるのは、油脂含有率が80％以上のものだけで、「カロリーハーフ」など、油脂を減らした製品はマーガリンとは言えません。

ベーキングパウダー と 重そう

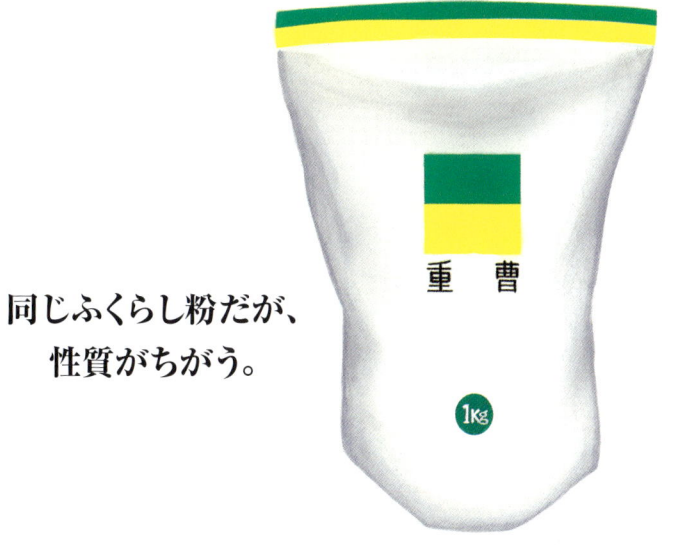

同じふくらし粉だが、性質がちがう。

　まんじゅうをふくらますのに最初に使われたのは、酵母菌でした。これが今もある酒まんじゅうです。名称に「酒」がつくのは、酵母菌は酒をつくるのに欠かせないものだからです。現在もパンの製造に酵母菌（英語でイースト菌のこと）が使われています。

　重そう（炭酸水素ナトリウム）はふくらし粉とも呼ばれ、もともとは鉱石からとられていました。現在は、化学的に合成されたものが多く市販されています。重そうはいまでは食品としてより、衣類・住宅・なべ類の洗剤としての用途のほうが有名になってしまいましたが、ふくらし粉の名称の通り、生地に重そうを入れて、火を通すと炭酸ガスを出してふくらみます。重そうは弱いアルカリ性のため、焼き上がったものに独特の色と味がつきます。茶色の皮のまんじゅうはこれを利用し、生地に黒砂糖を加えてつくられています。

　ベーキングパウダーの原料は重そうの他、酸性剤やコーンスターチ・小麦粉で、重そうの欠点をカバーして中性にしてあります。重そうよりも粉や水に反応しやすいのですぐに焼くことができます。今ではふくらし粉の主流は、ベーキングパウダーになっています。

バニラビーンズ と バニラエッセンス

蘭（ラン）からつくること、
知ってましたか？

　菓子の香りづけによく使われるのがバニラエッセンス、アイスクリームやシュークリームに入っているのがバニラビーンズ。どちらもバニラ（ラン科の植物）のさやえんどうのような形をした実が原料です。実を発酵させ、日光のもとで乾燥し、さらに陰干ししてつくります。

　これをパウダー（粉）にしたものがバニラビーンズです。そのバニラビーンズから抽出したエキスからつくるのが、バニラエッセンスやバニラオイルです。

　バニラエッセンスとバニラオイルはケーキなどの洋菓子の香りづけに使われますが、エッセンスはアイスクリームやババロアなどの仕上げに用い、入れてからは加熱しません。オイルは、クッキー・スポンジケーキなど、生地に入れてから焼き上げる場合に使います。

　バニラビーンズの栽培はメキシコの原住民がはじまりですが、メキシコを侵略したスペイン人によって15世紀ごろにはヨーロッパにもたらされました。今ではランを栽培しやすい熱帯地域で広くつくられています。産地によりバニラの香りにちがいがあります。二大生産地はマダガスカルとインドネシアです。

アンドくんの、なるほど！コラム

ドライフルーツは薬？

くだものの成分の大部分は水分です。乾燥（かんそう）して水分が除かれると、中に含まれる栄養分は凝縮（ぎょうしゅく）され、形や色は変わっても甘みが増します。これがドライフルーツです。紀元前にはすでにつくられていて、ナツメのように薬としてつかわれるものもありました。

ドライフルーツは甘みが増すだけではなく、果肉の凝縮により、便秘（べんぴ）を予防する食物繊維（せんい）や、日常不足しがちなカルシウム・鉄・カリウム・亜鉛（あえん）などのミネラルが豊富になります。

また、くだものの皮の色は乾燥する段階（だんかい）で空気中の酸素（さんそ）により変化（酸化（さんか））しますが、皮の色にあるがん細胞の活動を不活発（ふかっぱつ）にする物質（抗酸化物質（こうさんかぶっしつ））は変化しません。生のくだものは皮をむいて食べることが多いのですが、皮をむいた時に酸素にふれると、これらの力は弱められてしまうので、皮ごと食べられるドライフルーツは有効（ゆうこう）です。抗酸化作用のほかにも次のような効力（こうりょく）があると言われてます。

りんごやプラム・いちじく・桃（もも）の赤色は免疫力（めんえきりょく）を高めるといわれるカロチノイドが、マンゴーやパパイア・パイナップル・バナナ・梨（なし）の黄色は脂質（ししつ）の酸化を予防するといわれるエリオシトリンと呼ばれるフラボノイドが、柿（かき）・あんず・きんかんのだいだい色は毛細血管（もうさいけっかん）を強くするといわれるベータクリプトキンサンが、ブルーベリーやプルーン・ブドウ、各種ベリーの紫色は眼性疲労（がんせいひろう）に効き、血管の弾力性（だんりょくせい）を増すといわれるアントシニンが含まれています。

黒い砂糖 と 白い砂糖

黒砂糖　　　三温糖　　　角砂糖

つくる過程でいろいろな種類の砂糖ができる。

ざらめ糖　　　グラニュー糖　　　粉砂糖

　砂糖の原料はサトウキビのしぼり汁やテンサイ（さとう大根）を煮だした液体です。これを煮詰めて、不純物を取り除くと、しょ糖と糖蜜の混ざった液体になります。これを煮詰めると含蜜糖になります。

　サトウキビからつくる含蜜糖から黒砂糖と高級和菓子につかわれる和三盆ができます。黒砂糖は精製していないので不純物がありますが、カルシウム・鉄が含まれ独特の風味をもち、かりんとうなどに使われます。

　しょ糖を結晶にして分離したのが分蜜糖で白い砂糖の原料です。分蜜糖からは、結晶が大きく純度の高いざらめ糖（白ざらめ・グラニュー糖）や結晶が小さくてしっとりしている上白糖（車糖）が得られます。その残液をさらに煮詰めると、結晶が小さく純度の低い三温糖（車糖）が得られます。三温糖が茶色い色をしているのは、煮つめたためです。

　ざらめ糖や車糖を加工したものが角砂糖・氷砂糖・粉砂糖です。角砂糖はグラニュー糖を固めてつくり、氷砂糖は純度が高いざらめ糖の結晶をさらに大きく結晶させてつくります。粉砂糖はざらめ糖をすりつぶしたものです。

ジャム と マーマレード

実も皮も、ジャムになる！

　くだものに砂糖を加えて煮詰めると、くだものに含まれるペクチンがくだものの酸味と砂糖に反応してゼリー状になります。材料は、いちご・あんず・桃・りんご・いちじくなどが主流ですが、梅の実・トマトもペクチンとレモン汁（酸味料）を加えるとジャム化します。これらを総称してジャムと言います。ジャムの語源は「グチャグチャかむ」からきているといわれていて、英語では「押しつぶす」という意味です。

　いろいろな素材でジャムをつくりますが、日本では、そのうちオレンジなどの柑橘類の実と皮をジャムにしたものをマーマレードと呼んでいます。語源はマルメロ（バラ科の植物）の実をジャムにしたところからきていると言われていますが、ヨーロッパの多くの国でマーマレードというと、「濃度の高いジャム」のことをさします。なお、果実の汁を主な原料にしたものをゼリー、果実の形を残したものをプレザーブスタイルといいます。本格的なジャムづくりは、11〜13世紀の十字軍の遠征により大量の砂糖がヨーロッパに持ち込まれることで始まりますが、日本でジャムがつくられるようになるのは明治時代の初めです。

プリン と 焼きプリン

両方とも蒸し焼き。

　卵は液体なのに、熱を加えるとゆで卵のように固まります。その原理を利用したのがプリン（プディング）です。プリンも焼きプリンも材料は同じで、卵・牛乳・砂糖です。基本のプリンをカスタードプリンと言い、上のほうの表面をバーナーで焼いて仕上げたものを焼きプリンと言います。家庭で焼きプリンをつくる時はプリンの表面に粉砂糖をふり、オーブンの上段で強火で短時間焼きます。

　プリンづくりのポイントの第一は卵と牛乳の分量の割合です。牛乳は卵の量の2倍以内が限度で、これ以上牛乳を入れると形がくずれてしまいます。ただ、型に入れたまま食べる場合は牛乳を卵の2.5倍まで入れてもだいじょうぶです。

　第二は加熱温度と時間です。プリンを焼く方法は蒸し器での蒸し焼きと、オーブンの天板に湯を入れて焼く湯せん焼きの二通りあります。火力が強いと、表面に穴があき（これを「すがたつ」と言います）、見栄えが悪いだけでなく、水分が蒸発し、なめらかさが失われてしまいます。そのために直接加熱しないで、温度調整がしやすい蒸し器や湯せん焼きでつくります。

クッキー と ビスケット

アメリカではクッキー、
イギリスではビスケット。

　長く保存できる焼き菓子をアメリカではクッキーとよび、イギリスではビスケットと呼んでいます。材料はベーキングパウダーを混ぜた小麦粉・砂糖・卵・バターが基本です。

　材料のバターが少ないと固く焼き上がり、さくさくとした歯ごたえが楽しめます。これをハードタイプといいます。ハードタイプは4つの基本材料を混ぜ合わせた生地を薄く伸ばして型抜きができるので、いろいろな形に焼いて楽しむことができます。

　バターを多くするソフトタイプは、型ぬきはできないので、スプーンですくって天板に並べる、ドロップクッキーが主流になります。ソフトタイプは生地にオレンジピールなどのドライフルーツやくるみなどのナッツ類を入れたり、ココアを入れたり、味に変化をつける楽しみがあります。

　クッキーをつくるときには、小麦粉の中のグルテン（ねばり気を出す成分）の量が少ない薄力粉を使うと、さくさくとした食感になります。また、バターではなく、マーガリンを使うと、とかしやすいので手早く調理ができます。しかしバターの風味には欠けます。

チーズケーキ と レア・チーズケーキ

じっくり焼くのがチーズケーキ、生焼けがレア・チーズケーキ。

　チーズケーキは、チーズを原料にしたケーキのことを言います。チーズは、ナチュラルチーズを使います。乳やクリームを固まらせ、水を取り除いて熟成したナチュラルチーズの種類は多く、クリーム、ゴータ、チェダーなどが有名です。チーズケーキに使えないナチュラルチーズはありませんが、日本人はくせの少ないクリームチーズを好みます。

　チーズケーキには、スフレタイプやベークド・チーズケーキ、レア・チーズケーキなどがあります。スフレ・チーズケーキはチーズ生地に小麦粉が入り、空気を含んだ卵の力でふくらませて、160度で1時間かけて焼き上げます。ベークド・チーズケーキやレア・チーズケーキは、パイ生地やくだいたビスケットを土台にし、チーズ生地をながしてつくります。砂糖はひかえめにし、生クリーム、卵の量はスフレより多く、味は濃厚になります。レア・チーズケーキはベークド・チーズケーキよりさらに濃厚で、表面を乾かす程度に焼くか、チーズ生地にゼラチンを入れ、冷蔵庫で冷やして固める場合もあります。ベークド・チーズケーキは170度の温度で表面を焦がす程度に焼きます。

パイ & タルト

名前のちがいは、焼く時の容器のちがい。

　パイ皿で焼いたものがパイで、パイ皿のふちにギザギザが入ったタルト型で焼いたものがタルトです。アップルパイは、煮たリンゴをパイ生地でサンドイッチにして焼き、タルトは焼いたパイの上にソースをかけたくだものなどをのせてつくります。

　焼き上がったパイがサクサクとした感じになるためにはパイ生地の練り方、バターの入れ方に工夫があり、フランス式とアメリカ式があります。フランス式は折りパイと呼ばれ、層ができる状態に焼き上がります。アメリカ式はつくり方が簡単で、バターを練り込んで生地をつくり、層の重なりはできませんが、パイ特有のさっくり感があります。ミルフィーユはくだものなどとパイ生地を何層にも重ね合わせて焼いたものです。パイが層になるのは、粘り気のもとになるグルテンが多い強力粉を使い、粉と粉の間にバターが入り込むからです。しかし、強力粉だけでは固い焼き上がりになるので、薄力粉も入れ、軽い焼き上がりにします。強力粉と薄力粉の割合は3対2がベストです。パイづくりのコツは小麦粉に練り込むバターがとけ出さないことで、「パイづくりは冬がよい」と言われる理由です。

ケーキ と カステラ

ちがいは卵と砂糖の量。

　カステラの語源は、カスティリア王国のことをさす説など、さまざまあります。カステラは、イスパニア（スペイン）やポルトガルと交易のあった安土桃山時代に、長崎に伝えられました。「長崎」の名がついたカステラが多いのはこのためです。江戸時代には日本でもつくられるようになりますが、オーブンがないので鉄鍋と炭火で上下を調節しながら焼きました。

　スポンジケーキとカステラのちがいは、小麦粉の分量にたいして卵と砂糖の分量がカステラのほうが多いところです。カステラの黄色は卵の色で、しっとりしているのは砂糖のせいです。また、スポンジケーキにはバターが使われています。

　スポンジケーキの語源はふわっとスポンジ（海綿）状にふくらむことからきています。ふくらむのは空気を入れて泡立てた卵白の力です。卵黄と卵白を一緒に泡立てるのを「共立て法」、別々に泡立てるのを「別立て法」と言い、「別立て法」のほうが労力が少なくてすみます。スポンジケーキよりもっとふわっとしているのがシフォンケーキです。卵白の泡立てをしっかりし、スポンジ型よりもっと深い型に入れて焼きます。

カップケーキ & と マドレーヌ

焼くときの型のちがい。

　スポンジケーキやパウンドケーキをカップ型に入れて焼いたのがカップケーキ、貝（シェル）の形のマドレーヌ型に入れて焼いたのがマドレーヌです。両方とも切り分ける必要がないこと、一度に何個も焼けることなど、効率のよさが特徴です。

　スポンジケーキは、卵の気泡力だけでふくらませますが、マドレーヌやパウンドケーキは、バターの分量が多いので、ふくらますために、ベーキングパウダー（ふくらし粉）の力を借ります。

　バターが多くなると、生地がしっとりとして、バターの風味がよく出ます。しかし、空気をふくんだ卵の気泡はバターのあぶらに押さえられて、ふくらみが少なくなります。そこでふくらませる主たる力はベーキングパウダーにたよることになります。

　バターの多いマドレーヌやパウンドケーキは、スポンジケーキづくりのように卵の気泡力にたよらなくてよいので、卵は卵白と卵黄に分けないで混ぜ合わせます。卵白を泡立てるスポンジケーキよりも、失敗が少なく簡単にできます。

パン と 蒸しパン

イースト菌を使うか、ベーキングパウダーを使うか。

　パンは、小麦粉にイースト菌（酵母菌）やベーキングパウダーを加えてつくります。小麦粉に水を加えてよく練ると、ねばり気のあるグルテンができます。グルテンによってパンの生地に目に見えない細かい網目ができます。練った生地の網目にイースト菌やベーキングパウダーが入り込み、熱を加えるとそれが炭酸ガスを出し、ふっくらしたパンが焼きあがります。

　イースト菌を利用する場合は菌の発酵温度が30度のために、30度の温度で発酵タイムを何度か取ってからオーブンで一気に焼きます。イギリスパンやフランスパン・食パン・あんぱんはこの方法で焼きます。ベーキングパウダーを使う場合は、粉とよく混ぜ合わせた後、加熱するだけで簡単にできますが、パン独特のイーストの風味はありません。

　ベーキングパウダーを使って、生地を蒸し器で熱したのが蒸しパンです。蒸しパンの場合は型に入れてつくるために、こね生地がやわらかめでもよく、すりおろしたニンジンやカボチャなど、水分のある材料を混ぜることができます。加熱の方法がオーブンだとイギリスのスコーンやマフィンになります。

アイスクリーム & ソフトクリーム

凍結か、半凍結か。

　市販のアイスクリームの原料は、生クリームに牛乳や砂糖、それに香料・乳化剤を加えて、凍らせてつくります。乳化剤がなくても卵黄やコーンスターチを使えば、手づくりで簡単にできます。

　アイスクリームは、原料の中の乳固形分が15％以上で、そのうち乳脂肪分が8％以上ある乳製品につけられる名称です。乳脂肪分が多いので、砂糖や水分が分離しないようにするのが乳化剤の役割です。

　このほかに乳製品に分類されているのはアイスミルク（乳脂肪3％以上を含んだ乳固形分10％以上）やラクトアイス（乳固形分3％以上のもの）です。ただし、アイスミルクもラクトアイスも乳脂肪を植物性油脂に置きかえた商品が多いです。味はアイスクリームより落ちますが価格が安く、動物性脂肪を控えることができる利点があります。これは日本独特の商品です。

　ソフトクリームはアイスクリームを半凍結させたものです。イタリアのジェラートは乳脂肪分が5％程度で日本のアイスミルクに近くシャーベット風でもあります。シャーベットは果汁をつかっていて乳固形分が3％以下なので氷菓と言い、乳製品には入りません。

コーンフレーク と ポテトチップス

材料もちがえば、つくり方もちがう。

　外国の多くのホテルの朝食には、必ずコーンフレークが牛乳やヨーグルトとともに置かれています。コーンフレークというと日本人には食事というよりおやつ感覚ですが、ヨーロッパやアメリカではシリアル（加工した穀物食）として広く利用されています。

　コーンフレークは、固くて食べにくい完熟したとうもろこしを炒って荒くくだき、押しつぶして平たく（フレーク）したものです。これに乳製品と糖分（はちみつ）や果物を加えて、主食にします。コーンフレークのさくさくした食感と香ばしさを利用して、最近ではさまざまな料理の食材としても利用されています。なお、コーンフレーク用のコーンと缶詰のコーンは、種類が異なります。同じ方法で玄米フレークやブラン（小麦粒、外皮）フレークなどもつくられています。

　ポテトチップスは生のジャガイモを薄切りにして、高温の油で揚げてつくります。油で揚げてあるためにカロリーは高くなります。いも・とうもろこし・米などを加工して塩味をきかせたスナック類には、ポテトチップスのほかに、コーンスナックなどがあります。

ういろう と ゆべし

型に入れて蒸すか、ゆずの実で蒸すか。

　弥次さん、喜多さんの旅で知られている江戸時代の滑稽本「東海道中膝栗毛」に、「ういろうを餅とかうまくだまされて」という一説が出てきます。ういろうは、上新粉（米の粉）・もち米・くず粉・砂糖を加えて練り、それを型に入れて蒸したものです。もちのようなねばりけがありますが、もちではありません。ういろうの名前は、最初は黒砂糖を使ったため、せき止薬の外郎（ういろう）に似ていることからつけられたという説があります。現在では、白砂糖も使われるようになり、黒ういろうだけでなく、あずき、抹茶など、さまざまな色と味の商品が売られています。

　ゆべしは、「柚餅子」と書くようにゆず（柚）の実をくりぬき、そのなかに米の粉・もち米・砂糖を入れ、くるみを加えたり、味噌味にし、ゆずのふたをして蒸したものです。別のつくり方で、同じ材料にゆずの絞り汁を加え、竹の皮に包んで蒸すひら柚（ゆ）があり、現在ではこちらのほうを多く見かけます。

　砂糖が貴重な江戸時代は、ゆずを器に米粉・味噌・しょうが・くるみなどを練って蒸し、軒につるし、干して固くなったものを薄切りにして食べていました。

わらびもち & くずもち

両方とも
植物の根のでんぷんを
利用したもち。

　私たち人間は、植物が光合成によってつくり出したでんぷん（炭水化物）を食物として利用しています。植物は、稲や小麦のように主として実にでんぷんを蓄えますが、いも類は地下茎に、わらびやくず（葛）・かたくりは根に蓄えます。

　わらびもちのわらびはシダの一種で、その根に蓄えられたでんぷんがわらび粉になります。わらびもちは、わらび粉を練って蒸し、きな粉をかけて食べます。現在ではわらび粉のかわりに小麦粉や片栗粉（じゃがいもでんぷん）がつかわれています。

　くずもちの原料の葛は豆科のつる性の植物で、夏に山野に自生し、香りの高い赤紫色の花を咲かせます。奈良の吉野では品質の良いくずがとれ、「吉野葛」あるいはくずの改良に携わった人の名から「久助葛」と呼ばれています。現在では、小麦粉でんぷんが主体でくず粉は少ししかつかわれていません。これを水にとき、型に入れて蒸すと乳白色の弾力性のあるもちになります。くず粉だけでつくると透明なもちができます。くずきりは、練った材料をひも状に切って乾燥させたもので、ゆでてから黒みつをかけて食べます。

まんじゅう と 大福

中身は同じ、皮の材料がちがう。

　まんじゅうの名は中国から伝来した「まんとう」(肉や野菜を小麦粉で練った皮で包んで蒸したもの)に由来します。鎌倉時代に日本に伝わったまんじゅうは、塩味のあずきあんを、練った小麦粉を酵母で発酵させた皮で包んだ酒まんじゅうでした。仏教の関係で肉食が禁止された14世紀には塩味の野菜を包んだまんじゅうもつくられました。甘いあんが使われるようになるのは、日本でも砂糖がつくられるようになった江戸時代の中頃(18世紀)からです。まんじゅうの皮は小麦粉のほかに、すりおろしたやまいもと米の粉・砂糖を練って蒸したもの(かるかんまんじゅう)もあります。

　大福は江戸時代につくられました。もち米を蒸してもちをつくり、うすく伸ばした皮に塩味のあずきあんを包んだものでした。皮がうすくてあんが多いことから「腹太もち」と呼ばれ、やがて「大腹(だいふく)もち」になり、今日の大福にかわったと言われています。塩味のあんから、砂糖の入った甘いあんになるのはまんじゅうと同じころです。最近の大福もちは、もちに砂糖を加えて、固くなるのを防いでありあす。

お好み焼き と チヂミ

具のちがいと、焼くときの油のちがい。

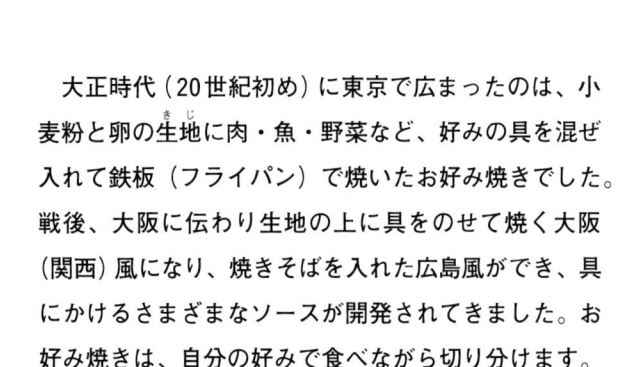

　大正時代（20世紀初め）に東京で広まったのは、小麦粉と卵の生地に肉・魚・野菜など、好みの具を混ぜ入れて鉄板（フライパン）で焼いたお好み焼きでした。戦後、大阪に伝わり生地の上に具をのせて焼く大阪（関西）風になり、焼きそばを入れた広島風ができ、具にかけるさまざまなソースが開発されてきました。お好み焼きは、自分の好みで食べながら切り分けます。
　東京・浅草の名物、もんじゃ焼きは江戸時代に鉄板の上で文字を描いた「文字焼き」が起源ではないかと言われています。具で丸い土手をつくり、その中に、小麦粉を水でゆるくといた生地を流し込み、土手の半焼け部分からコテで押さえつけながら食べます。
　韓国料理のチヂミの生地は、お好み焼きと同じ小麦粉と卵でつくります。具の中心はニラで、これにきざんだとうがらしや削り節を入れてごま油で焼きます。食べるときは、切り分けた状態で出されます。
　長野県に伝わるにらせんべいは、具はニラ、生地に味噌や砂糖を入れます。焼く油はサラダ油で、切り分けた状態で出されます。米の収穫が少ない長野では、小麦粉は貴重な主食穀物だったのです。

あめ & キャンディー

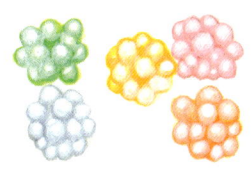

砂糖のない時代は、水あめでつくった。

砂糖が日本でつくられるようになるのは江戸時代中期で、それまでは庶民の口には入らない貴重な輸入品でした。ですから、あめは昔（7世紀のころ）は米からとった水あめでつくられていました。やがて原料は米から大麦にかわります。大麦の麦芽あめは空気を含ませると色が茶色から白く変わります。江戸時代には麦芽や水あめ・砂糖を使ったさまざまな種類のあめが売り出されます。こんぺいとうもその一つで16世紀にポルトガル人により伝えられ、18世紀には日本でもつくられるようになります。こんぺいとうはケシ粒を核にして小麦粉を入れ、着色した氷砂糖とともに回転鍋でからめて、突起のある砂糖の結晶をつくります。

キャンディーは西洋風あめにつけられた名称で、原料は主に砂糖と水あめです。これに香料や果汁、バターなどが加えられています。ソフトキャンデーのキャラメルは、砂糖と水あめを煮とかし、牛乳・バター・香料を加え、鉄板に流して固めたものです。名前は、砂糖をこがすキャメライズからきたという説があります。ゼラチンと砂糖を煮とかし、固く泡立てた卵白を混ぜて固めたマシュマロもキャンディーの一種です。

カフェラテ と カフェオレ

**両方ともコーヒー＋ミルク、
ちがいはコーヒーの濃さ。**

　日本で飲まれているコーヒーには、ブラック（砂糖もミルクも入れない）のほか、生クリームをのせたウインナコーヒー、ミルク入りのカフェオレ、カフェラテ、カプチーノ、濃い味のエスプレッソ、あっさりしたアメリカンなど、いろいろなタイプがあります。

　カフェラテは、正確には、カフェ・ラッテ・マキャートと言い、「カフェ・ラッテ」はイタリア語で「コーヒー・牛乳」という意味です。「マキャート」は、「染み」という意味で、牛乳にまざったコーヒーが、茶色の染みのように見えるからです。エスプレッソは、深煎りした豆を使った濃いコーヒーで、表面に細かい泡が浮いています。これにスチームミルク（蒸気で泡立てた牛乳）を加えたものがカフェ・ラッテでカプチーノもほぼ同じものです。カフェオレは「コーヒー・牛乳」という意味のフランス語で、エスプレッソではなく普通のコーヒーにミルクを加えたものをさします。

　日本でアメリカンコーヒーと呼んでいるものは、浅煎りした豆を使い、湯の量を多めにあっさり抽出したものです。砂糖やクリームを加えず、大きなカップにたっぷり注いで、気軽にたくさん飲みます。

天然果汁 & 濃縮還元果汁

果汁100％なら、どちらも天然果汁！

　ジュースには、「天然果汁」とか「濃縮還元果汁」、「果汁30％」などと表示されています。

　天然果汁とは、みかん・オレンジ・りんご・ぶどうなどの果実（くだものの実）をしぼったままの果汁100％のことで、ストレート果汁（ストレートジュース）とも呼ばれています。

　濃縮還元果汁は、しぼった果実から水分を分離して減らし（濃縮）、冷凍保存しておいて、あとでこれに殺菌した水を加えて、もとの状態にもどしたものです。それが、果汁100％であれば、これも天然果汁ということになります。濃縮したほうが輸送や貯蔵に便利なので、輸入ジュースのほとんどは濃縮還元果汁です。両者に栄養的な差はほとんどありません。

　なお、両方とも加熱してから、容器につめられます。また、りんごジュースには、ビタミンCの酸化を防ぐために酸化防止剤が入っていますが、ほかのジュースには入れられていません。

　果汁30％と表示されているジュースは、果汁が30％で、あとは水と人工甘味料や香料・着色料などでできているということです。

紅茶 と ウーロン茶

緑茶は不発酵、紅茶は発酵、ウーロン茶は半発酵。

お茶の木（チャ＝ツバキ科の常緑樹）の原産地は中国で、4700年前に葉を薬として利用していた記録があります。日本に伝わったのは9世紀（平安時代の前半）のころです。ヨーロッパでも17世紀のころから、中国から輸出された緑茶が飲まれていました。

茶の葉には、酵素がふくまれていて、葉を摘んでもむと、葉の組織がこわれて発酵がすすみます。この発酵を熱によって調整することで、さまざまな種類のお茶が作られています。紅茶は摘み取った茶葉をしおれさせ、完全に発酵させた発酵茶です。ウーロン茶は、少しだけしおらせたあとに熱を加えて発酵の度合いを押さえた半発酵茶です。なお、緑茶は摘み取ったあとすぐに熱を加えて発酵をとめた不発酵茶です。

現在、ウーロン茶のほとんどは土壌や気候が製造に適している中国で生産されています。

紅茶といえば、イギリスが世界的に有名です。イギリスは、18世紀にインドやセイロン（現在のスリランカ）を植民地支配していた時代に、茶の木の栽培を各地に広めました。ダージリン・アッサム・セイロンなどの紅茶の名前は、これらの地域名です。

結婚式などにだされるサクラの花が入ったお茶を飲んだことがありますか？ 飲んで、「しょっぱい！」と感じるのは、塩漬けにした花が使われているからです。保存のために塩漬けにすることで、花の色、香りも長もちします。

お茶の大部分は、カサコソと乾燥した状態のものです。花や葉、茎がたくさん収穫できる季節につみとって、長い時間、太陽にあてて乾燥します。こうすると香りや色が長もちするだけでなく、保存ができます。ポプリも同じようにしてつくります。

日本ではクコ・ハトムギ・ドクダミなどの植物の葉や実を乾燥させ、お湯で煮出してお茶にします。これを「煎じる」と言います。清涼飲料水のなかには、これらを混ぜ合わせ、飲みやすい状態にして販売しているものもあります。

世界ではカモミールやペパーミントの葉や花、茎を乾燥してお茶にしています。アフリカの高地に育つ針葉樹ルイボスの葉もお茶になります。中国にはジャスミン・キンモクセイ・バラなど、香りのよい花のお茶もあります。ハスカップの実は、酸味があり赤い色をしたお茶になります。これらのお茶は、ミネラル分を含み、香りや味には気持ちを落ち着かせてくれる効果があるといわれています。

アンドくんの、なるほど！コラム

さくら茶
サクラ
ハトムギ
クコ
ドクダミ

世界の お茶
葉っぱだけでなく花もお茶になる

カモミール
ミント
バラ
ジャスミン
キンモクセイ
ルイボス
ブルーベリー

お茶 と 麦茶

お茶はチャの葉、
麦茶は大麦の種子。

　緑茶（日本茶）は、ビタミンB群やビタミンC・カテキン・ミネラル・カフェイン・テアニンなどの成分を含んでいます。緑茶も紅茶もウーロン茶も、すべてツバキ科の常緑樹であるチャの葉が原料です。日本茶は、若い葉を摘みとって、すぐに蒸してもみ、乾燥させたものです。紅茶やウーロン茶は発酵してから乾燥させますが、日本茶は、熱を加えて酵素の働きをとめて、発酵させないでつくります。そのため、葉の緑色が残るので緑茶と呼ばれます。

　緑茶は、栽培法や製造法によって、煎茶・番茶・ほうじ茶・玉露・抹茶などに分かれます。煎茶は最も一般的なお茶で、その年の最初に摘まれた一番茶が品質も良く、高価です。番茶は、時期を過ぎたやや固い茶葉でつくり、安価で味もさっぱりしています。ほうじ茶は下級煎茶を強火で焙り、香ばしさを引き出したお茶です。玉露は、新芽が開き始めたころに日陰にして、うま味が日光によって減らないようにした最高級品で、抹茶はそれを粉にしたものです。

　夏によく飲む麦茶は、チャの葉ではなく大麦の種子を炒って煮出したもので、「麦湯」とも言われます。

ミネラルウォーター と 天然水

軟水か硬水かのちがい。

　天然水は、各地の名水と言われるおいしい湧き水を原料にして、それをろ過したり過熱殺菌したりして、それ以外の加工をされていない水のことをさし、ナチュラルウオーターとも呼ばれています。日本で「○○の水」とか「○○の天然水」として売られているものは、カルシウムやマグネシウムなどのミネラル分（鉱質）の少ないまろやかな水質＝軟水であることが特徴です。軟水はお茶のタンニンを生かし、緑茶のしぶみをまろやかにしてくれます。緑茶は、軟水をもつ日本だからこそ生まれた食文化なのです。日本の軟水は緑茶だけでなくコーヒーもまろやかな味にしてくれます。

　これに対し、ミネラルウオーターは、ミネラル分の多い水の成分を調整し、ほかの水を加えたり、殺菌処理をした水のことを言います。フランスやスイスなどのヨーロッパの水は、ミネラル分が多く硬水と呼ばれています。日本で売られているミネラルウォータの輸入品はこれらの国々から輸出されています。

　日本の川の水が汚染されて、水道水が大量の薬品で浄化され、まずくなってから、こうしたペットボトルの水が急速に普及しました。

浄水 と アルカリイオン水

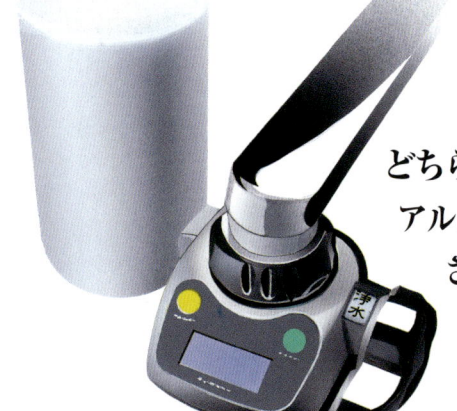

どちらもろ過した水、
アルカリイオン水は
さらに電気分解

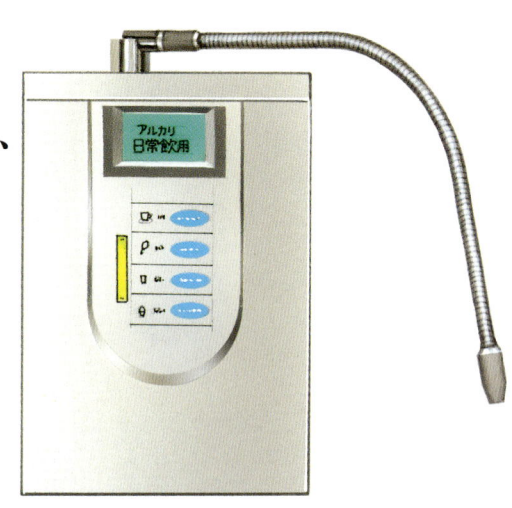

　水道水がおいしくないので、水道の蛇口に浄水器や整水器を設置する家庭が増えています。浄水器を通った水を浄水、整水器を通った水をアルカリイオン水と呼んでいます。
　浄水器や整水器は、細かい繊維や活性炭のはたらきで、水道水に残っている塩素臭さやカビ臭さ、有害物質・赤さび・細菌などを取り除きます。ここまでは、どちらも同じです。水は、水素原子2個と酸素原子1個でできていて（H_2O）、電気的に結合しています。整水器はそうした水の原子構造を利用して、電気で水をアルカリイオン水と酸性イオン水に分けるのです。アルカリイオン水は、カルシウムイオンを含んだ、アルカリ度の高い水です。
　人の血液や細胞液はアルカリ性に近い中性です。そのため、アルカリイオン水は疲労などによって酸性にかたよった血液をもとに戻す効果があると宣伝されています。ミネラルウオーターも同じような効用をもつと言われています。
　酸性イオン水には、肌をひきしめる美容効果があると宣伝されています。

「カルピス」と「ヤクルト」

乳酸菌を生きたまま飲むか、殺して飲むか。

「カルピス」と「ヤクルト」とヨーグルトは、味が似ていますが、共通しているのは、乳酸菌を入れて製造しているところです。乳酸菌は、糖を分解して乳酸をつくり出す細菌類のことで、ビフィズス菌もこの仲間です。この乳酸菌を牛乳や脱脂乳にまぜると乳糖を分解する乳酸発酵が起こって乳酸菌を含む製品ができます。できた製品は、発酵乳、乳製品乳酸菌飲料、乳酸菌飲料の三つに大別されます。

発酵乳の代表はヨーグルトで、乳酸菌は生きた状態のままで製品になっています。

乳製品乳酸菌飲料には、乳酸菌が生きた状態のままの製品「ヤクルト」と、加熱殺菌した製品「カルピス」とがあります。生きた状態のままの「ヤクルト」は濃い風味があり、一度にたくさん飲むことはできないので、小型の容器に入れて市販されています。一方、加熱殺菌したカルピスは、保存性が良いので、びんなどの容器に入れてうすめて飲むようになっています

乳酸菌飲料は、乳成分が少ないので乳製品とは言えませんが、乳酸菌が生きた状態の飲みものです。

スポーツ飲料 & アミノ酸飲料

それぞれ効能があるが、大切なことは食事から栄養をとること。

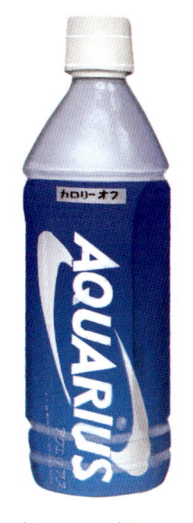

　暑い時に汗をかくと、塩のようなしみが服についた経験はありませんか？　大量に汗をかくと水分だけでなく体内のミネラル分（ナトリウムやカリウム）が失われ、生命に危険がおよぶ脱水症状がおきます。

　スポーツ飲料は、汗と一緒に失った水分やミネラル分を補給する飲み物で、クエン酸やビタミン・ブドウ糖などを加えて飲みやすくしてあります。しかし、運動中にスポーツ飲料をがぶ飲みするとブドウ糖を多く取ってしまい、脂肪の燃焼がストップして、ガス欠を起こしたり、血液中のミネラル濃度が高くなり、脱水症状を起こしてしまいます。運動中は水を飲み、スポーツ飲料は、うすめて飲むのがいいとされています。

　アミノ酸飲料は、人間の細胞をつくっているタンパク質のアミノ酸を加えた飲み物です。アミノ酸の種類によって、体力アップ型・脂肪酸燃焼型・集中力アップ型・免疫力アップ型などと、いろいろな効能を宣伝した飲料が販売されています。しかし、もっとも大事なことは、タンパク質を飲み物や薬から取るのではなく、食事から動物性タンパク質・植物性タンパク質をバランスよく取ることです。

日本酒 と 焼酎

大きくわければ、
醸造酒と蒸留酒
のちがい。

　日本酒は、米のでんぷんがこうじ菌によって糖に変わり、それが酵母によってアルコールにかえられて（発酵）、お酒になったものです。こうした、こうじ菌や酵母などの微生物の働きを利用して食品を製造することを醸造と呼び、日本酒は醸造酒と言います。ビール（原料は麦芽やホップ）やワイン（原料は果実）も醸造酒の仲間です。

　これに対し、ウイスキーやブランデーは蒸留酒と言います。蒸留酒とは、穀物やくだものを醸造してつくられたアルコールを蒸気にし、冷やして液体にもどしたものです。ウイスキーの原料は、麦芽（モルトウイスキー）やライ麦（グレーンウイスキー）、トウモロコシ（バーボンウイスキー）などで、ブランデーの原料はブドウやリンゴなどです。そして、米やイモ、ソバなどを原料にした蒸留酒が焼酎です。焼酎は「焼いた濃い酒」という意味で、ブランデーが「焼いたワイン」という言葉に由来するのと似ています。現在の日本各地の焼酎のルーツは、五世紀頃に沖縄に登場した泡盛であるといわれています。

ワイン & シャンパン

シャンパンは泡立つワイン。

　キリスト教の儀式に欠かせないワインはヨーロッパで古い歴史を持ち、各地方の気候のちがいによって特色のあるワインがつくられています。

　ワインは、ぶどうを発酵・熟成させ、果実の甘み（果糖）をアルコールに変えたものです。ワインの色はぶどうの皮の色によってちがいます。赤ワインは黒いぶどうの皮を入れたまま発酵させて、後で取り除きます。白ワインは緑の皮で、皮は発酵前に取り除きます。ロゼは赤ぶどうで、皮からの色付けは短時間で処理します。ワインは染めつけにぶどうの皮を使うことも

あり、カビや果汁の酸化をふせぐために酸化防止剤が使われます。ワインに加える添加物はこれだけです。ワインのアルコール濃度は10％前後です。

　シャンパンはスパークリング（泡立つ）ワインのことで、フランスのシャンパーニュ産のものだけがシャンパンと呼ばれます。ぶどうは黒・赤のどちらでもよく、色がつかないよう皮を短時間で取り出します。発酵の後、炭酸ガスを出させるためにシロップ（甘いリキュール）を加え、さらに仕上げに加えるシロップによって甘みのちがうシャンパンができます。

ビール と 発泡酒

限りなくビールに近いけど、ビールじゃないお酒。

　ビールは、日本語で「麦酒」と書くように、オオムギを原料としています。オオムギの麦芽を乾燥させて粉にし、水を加えるとでんぷんが糖化されるので、この麦汁にホップ（アサ科の植物）を加えて香りと苦みをつけ、さらに酵母を加えてアルコール発酵させます。このうち、長い間、低温で発酵・熟成させたものをラガービールと言います。ドイツや日本など、世界のビールのほとんどは、このラガービールです。ふつうビールは、加熱殺菌してビンや缶に入れますが、加熱殺菌せず、ろ過・除菌しただけで、容器につめたものが生ビール（ドラフトビール）です。

　発泡酒は、ビールと同じように麦芽を原料の一部に用い（ホップは加えない）、麦芽の量より他の原料の量が多い酒類で、発泡性があり、アルコール分が20度未満のものにかぎります。発売当初は、酒税率が低いので安価でしたが、二度にわたる酒税法の改正でそれほど安くはならなくなりました。そこで最近では、ビールでも発泡酒でもない「第三のビール」として、エンドウや大豆、トウモロコシなどを原料に用いた「ビール風味アルコール飲料」がでまわっています。

編著者

家庭科教育研究者連盟

1966年に民間の教育研究団体として発足。小、中、高校および、障害児学校、大学で家庭科教育にかかわっている教師を中心とした全国組織。子どもが学習の主人公となれるように、ありのままの生活を中心にすえながら家庭科の学びができるよう取り組んでいる。

①巻執筆者

齊藤弘子、川田なか子、桧原順子

画　田村　孝

デザイン　なかねひかり

くらべてわかる食品図鑑①
お菓子と飲み物

2007年5月18日　第1刷発行
2014年1月31日　第3刷発行

定価はカバーに表示してあります

編著者	家庭科教育研究者連盟
発行者	中川　進
発行所	株式会社　大月書店

〒113-0033 東京都文京区本郷2-11-9
電話(代表) 03-3813-4651
FAX 03-3813-4656
振替 00130-7-16387
http://www.otsukishoten.co.jp/

印　刷　光陽メディア
製　本　ブロケード

©2007　Printed in Japan

本書の内容の一部あるいは全部を無断で複写複製（コピー）することは法律で認められた場合を除き、著作者および出版社の権利の侵害となりますので、その場合にはあらかじめ小社あて許諾を求めてください

ISBN 978-4-272-40601-2　C8337